1

Tor Anonymity Network 101

En introduktion til den mest
private del af internettet

Steven Gates

Forlag: Books on Demand GmbH, København, Danmark

Tryk: Books on Demand GmbH, Norderstedt, Tyskland

ISBN: 978-8-7430-2956-4

Introduktion

Ved at bruge denne bog accepterer du fuldstændigt denne erklæring om ansvarsfraskrivelse.

Ingen råd

Denne bog indeholder information. Informationen er ikke et råd og skal ikke behandles som et.

Hvis du tror, at du er sygdomsramt, bør du straks søge lægehjælp. Du bør aldrig udskyde at søge lægehjælpe, se bort fra en læge, eller afbryde medicinsk behandling på baggrund af informationen i denne bog.

Ingen erklæringer eller garantier

I det omfang gældende love tillader det og med forbehold for nedenstående afsnit, udelukker vi alle erklæringer, garantier og tilsagn relateret til denne bog.

Uden at det berører den generelle anvendelse af det foregående afsnit, repræsenterer, garanterer eller erklærer vi ikke:

o   at informationen i denne bog er korrekt, akkurat, fuldstændig eller ikke-misledende.

o   at brugen af retningslinjerne I bogen vil føre til et bestemt udfald eller resultat.

Begrænsninger og udelukkelse af ansvar

Begrænsningerne og udelukkelsen af ansvar beskrevet i denne sektion og

5

andetsteds i denne ansvarsfraskrivelse: er omfattet af paragraf 6 nedenfor; og regulerer alle forpligtelser, der er følger af ansvarsfraskrivelsen eller i forhold til bogen, herunder kontraktlige forpligtelser, erstatningsret (herunder uagtsomhed), og for overtrædelse af lovmæssige forpligtelser.

Vi vil ikke være ansvarlige over for dig med henblik på eventuelle tab, der udspringer af en begivenhed eller begivenheder uden for vores rimelige kontrolområde.

Vi vil ikke være ansvarlige over for dig med henblik på eventuelle driftstab, herunder begrænsning af tab eller skade på fortjeneste, indtægter, omsætning, anvendelse, produktion, forventede besparelser, forretning, kontrakt, kommercielle muligheder eller goodwill.

Vi vil ikke være ansvarlige over for dig i forbindelse med tab eller ødelæggelse af data, databaser eller software.

Vi vil ikke være ansvarlige over for dig i forbindelse med en speciel, indirekte eller følgeskadestab eller ødelæggelse.

Undtagelser

Intet i denne ansvarsfraskrivelse skal: begrænse eller udelukker vores ansvar for død eller personskade som følge af uagtsomhed; begrænse eller udelukke vores forpligtelser for bedrageri eller svigagtig vildledning; begrænse nogen af vores forpligtelser på nogen made, der ikke er tilladt i forhold til gældende lov; eller udelukke nogen af vores forpligtelser, der ikke kan udelukkes i forhold til gældende lov.

Adskillelse

Hvis et afsnit af denne ansvarsfraskrivelse er dømt ulovlig ved en domstol eller anden kompetent myndighed og dermed ikke kan håndhæves, opretholdes resten af ansvarsfraskrivelsesafsnittene fortsat.

Hvis en del af et ansvarsfraskrivelsesafsnit dømmes ulovligt og ikke kan håndhæves, slettes dette, og resten af afsnittet vil fortsat være gældende.

Lov og jurisdiktion

Denne ansvarsfraskrivelse vil blive underlagt og fortolket i overensstemmelse med schweizisk ret, og eventuelle stridigheder vedrørende denne ansvarsfraskrivelse vil være underlagt de schweiziske domstoles eksklusive kompetence.

Introduktion

Tor er gratis software, der muliggør anonym kommunikation. Navnet er afledt af et akronym for det oprindelige software projekt kaldet *"The Onion Router"*. Tor leder internet-trafik gennem et gratis, verdensdækkende, frivilligt overlay-netværk, der består af over syv tusind noder for at skjule en brugers lokalitet og brug fra enhver, der måtte overvåge netværket eller foretage trafikanalyse. Ved at bruge Tor gør man det sværere at spore aktivitet på internettet til brugeren: dette omfatter *"besøg på hjemmesider, online indlæg, instant messages og andre former for kommunikation"*. Hensigten med at bruge Tor er at beskytte brugernes privatliv, såvel som deres frihed og evne til at kommunikere fortroligt ved at undgå overvågning af deres aktivitet på internettet.

Tor forhindrer ikke en online tjeneste i at se, om den tilgås via Tor. Tor beskytter brugerens privatliv, men den skjuler ikke, at der er en, der bruger Tor.

Visse websteder begrænser tilladelser, hvis man bruger Tor. For eksempel begrænser MediaWikis TorBlock-udvidelse automatisk redigering, der foregår via Tor, skønt Wikipedia dog tillader begrænset redigering i særlige tilfælde.

Onion-routing implementeres af kryptering i applikations-laget af en kommunikations-protokolstak, der er lejret som lagene på et løg. Tor krypterer dataene, herunder den næste nodes IP-adresse, flere gange og sender dem gennem en virtuel omvej, der består af på hinanden følgende, tilfældigt udvalgte Tor-noder. Hver enkelt node afkoder et lag af krypteringen for at afdække den næste node på ruten, så den kan sende de resterende krypterede data videre til den. Den sidste node afkoder det inderste lag af krypteringen og sender de oprindelige data til bestemmelsesstedet uden at afsløre eller kende den IP-adresse, de oprindeligt kom fra. Fordi denne routing af kommunikationen er til dels skjult ved hvert knudepunkt i Tor-ruten, udrydder denne metode alle individuelle punkter, hvor kommunikerende parter kan identificeres via netværksovervågning, der beror på at kende kilde og bestemmelsessted.

Tor gør det muligt for brugere at surfe på nettet, chatte og sende instant messages anonymt, og den bruges af mange forskellige mennesker til både lovlige og ulovlige formål. Tor har, for eksempel, været brugt af kriminelle foretagender, hacktivist-grupper og retshåndhævende myndighed med modstridende formål og sommetider samtidigt. Ligeledes er der instanser inden for USA's regering, der i forskellige situationer finansierer Tor .

Det er ikke hensigten, at Tor fuldstændig skal løse problemet med anonymitet på nettet. Tor er ikke beregnet til at slette sporene helt, men skal i stedet reducere sandsynligheden for, at websteder kan spore adfærd og data tilbage til brugeren.

Tor beskrives af "The Economist" i forbindelse med bitcoin og Silk Road som "et mørkt hjørne af nettet", der "er blevet mål for efterretningsbureauerne American National Security Agency og britiske GCHQ, om end med begrænset succes, og med større succes for British National Crime Agency i dets Operation Notaries. Samtidig har GCHQ gjort brug af et værktøj kaldet

"Shadow Cat" til "ende-til-ende krypteret adgang til VPS via SSH ved hjælp af TOR-netværket". Tor kan bruges til anonyme injurier, uautoriserede nyhedslækager af følsomme oplysninger, krænkelse af ophavsret, distribution af ulovligt seksuelt materiale, salg af kontrollerede stoffer, våben og stjålne kreditkortnumre, pengevask, banksvindel, kreditkortsvindel, identitetstyveri og udveksling af falsk valuta; det sorte marked benytter sig af Tors infrastruktur, i de mindste delvist, sammen med Bitcoin. Det har også været brugt til bricking af IoT-enheder.

Tor bruges også til ulovlige aktiviteter, fx til at få adgang til censurerede oplysninger, til organisation af politiske aktiviteter eller til at omgå lovgivning mod kritik af statsoverhoveder.

Tor bruges mere og mere af ofre for vold i hjemmet og de socialrådgivere og instanser, der hjælper dem, selvom herbergspersonale ikke nødvendigvis er blevet trænet professionelt i cybersikkerhed. Men når det bruges korrekt, forhindrer det digital stalking, som er blevet et mere almindeligt problem på grund af udbredelsen af digitale medier i nutidens online tilværelse.

Tor bruges af nyhedsorganisationer som The Guardian, The New Yorker, Pro Publica og The Intercept for at beskytte whistleblowere.

Windows Proxy Server er et program, der fungerer som medie og mellemled mellem en almindelig terminalcomputer i det lokale område og World Wide Web. De servere, der bruges til internettet, er normalt HTTP proxyservere, eller som de er bedre kendt, Online Proxyservere. Der kan generelt, afhængigt af krav o behov, være mange forskellige slags servere til alle applikationsprotokoller.

Windows Proxy Server har bestemte operative principper, der er meget nemt forståelige, også selvom man ikke har den store forstand på internettet. En proxy er en server, der fungerer som medie for applikationer og foretager anmodninger online i deres sted. Når brugere får forbindelse med World Wide Web via klientapplikationer, forbinder disse applikationer sig derfor først med proxyerne, hvorefter de giver dem deres anmodninger.

Derefter skal proxyerne så tage forbindelse til den server, som applikationerne vil i forbindelse med, og de sender derefter anmodningerne til serveren. Når proxyerne får svar fra serveren, sende de det til applikationsklienterne, og brugeren kommer endelig i forbindelse med den ønskede hjemmeside. Alle disse proxy anonymiseringsprocesser lyder måske nok komplicerede, men i virkeligheden tager de kun et par sekunder. Disse få sekunder er dog genstand for en del kontrovers, da der er mange, der synes, proxyer er langsomme. De er dog den mest effektive metode til anonym net-surfing, man kan finde i dag.

Ved hjælp af protokoller som TCP/IP i et lokalt netværk overtages den rolle, proxyerne spiller, faktisk af routere og gateways, men proxyer er ikke overflødige; tvært imod har de andre funktioner, der gør dem meget nyttige og praktiske. Caching er en af dem; de fleste Windows proxyservere har caches, hvilket giver mulighed for at holde populære websteder i hukommelsen i lang tid, så de bliver lettere og hurtigere at besøge. En bruger, der har adgang til en proxyserver liste kan cache oplysninger gennem en proxy, den såkaldte cache-proxy.

Internetforbindelser kan faciliteres og krypteres ved hjælp af en veludstyret, hurtig og effektiv Windows Proxy Server.

1. kapitel: Anonymitet

Internettet som sådan bliver med tiden mere og mere kompliceret. Der er rigtig mange nye websteder, der dukker op hver dag, og der er mange af dem, der er dubiøse. Der er flere og flere muligheder for at foretage køb eller på anden måde afsløre personlige oplysninger. Og allervigtigst, selvom det måske ikke er direkte forbundet med internettets vækst, er der stadigt større sandsynlighed for, at dem, der har til opgave at udvikle, vedligeholde og overvåge dets brug hele tiden bliver mindre troværdige. "Trafikanalyse" er en almindelig form for netværksovervågning, der er virkelig og konstant.

Af disse årsager er der flere og flere mennesker, der søger måder, hvorpå de kan anonymisere deres browseroplysninger og beskytte sig mod ulovlig og umoralsk overvågning, sporing, undertrykkelse og måske det, der er værre.

Hvad er Tor?

Den mest grundlæggende forklaring er, at Tor er et akronym. Det står for *"The Onion Router"*, hvilket er relevant på en måde, jeg læste om engang, men siden har glemt. Jeg er selvfølgelig ikke i tvivl om, at det var en genial forklaring. Tor er beregnet til brug som det, man kalder en *"anonymisator,"* som er software, man kører på computeren for at udviske det unikke fodaftryk, man efterlader på internettet, så det bliver så godt som umuligt at spore. Dette betyder, at en, der overvåger din internetforbindelse, ikke vil kunne se, hvilke websteder du har besøgt, og de websteder, du har besøgt, vil ikke kunne se, hvor din forbindelse kommer fra (altså din fysiske placering).

Sådan virker Tor

Tor er en softwarepakke, man kan downloade og

installere på sin computer. Når man starter den op, tilsluttes den et netværk af computere, der frivilligt bruges i "Tor-netværket." Der er mange tusindvis af disse computere på netværket verden over. "Tor-browseren" er en internet browser, der minder om Firefox, og den virker på samme måde. Når man indtaster adressen på en hjemmeside, vælger Tor en tilfældig rute gennem netværket af computere til det valgte endemål og inkrementelt fremrykke forbindelsen gennem hver af dem. Efterhånden som signalet går fra den ene computer til den anden genkrypteres det, så hver enkelt computer kun ved, hvilken computer signalet lige er kommet fra, og hvor det umiddelbart skal hen. Dette gør det så godt som umuligt at spore.

Som standard anonymiserer Tor kun din internetsurfing, men den kan konfigureres til at fungere med tredjepartssoftware for at anonymisere andre net-baserede aktiviteter som fx mail.

Interessante fakta om Tor

Selvom det er et akronym skrives Tor som et egennavn. Det er en registreret amerikansk selvejende institution, der definerer sit formål som beskyttelse af din ret til at undgå analyse af din internettrafik. Hvis du bruger deres gratis tjeneste, er det helt fint, hvis du overvejer at betale dem tilbage med et fradragsberettiget bidrag eller ved at tilbyde en computer som del af Tor netværket. For yderligere oplysninger, søg på Google efter "Tor" og besøg deres hjemmeside.

2. kapitel: 5 måder, hvorpå du kan være helt anonym online

Det er svært at være anonym på internettet, men det er ikke umuligt. Meget af det du køber, bogmærker eller deler online spores. Hackere er altid ude efter måder, hvorpå de kan få adgang til dine personoplysninger, mens store datafirmaer er ønsker at sælge dine online data. Desuden er der mange, der er overbevist om, at regeringen måske aflurer deres online aktiviteter. Det er derfor vigtigt at tage skridt til at sikre, at dine online aktiviteter forbliver helt anonyme.

1. VPN-forbindelse

Din almindelige internetforbindelse kan muligvis afsløre din identitet, placering og browse-adfærd. Hackere og datamining virksomheder kan bruge tracking-cookies til at indsamle dine personlige oplysninger. En VPN-forbindelse gemmer ikke data i tracking cookies, og den er med til at holde brugeres online aktiviteter private eller anonym. Forbindelsen er som en tunnel, der direkte knytter din internetforbindelse til en VPN-udbyder. Derefter krypterer udbyderen alle de oplysninger, der lagres på eller sendes gennem netværket. VPN-forbindelser giver også internetbrugere mulighed for at tilgå indhold, de måske ellers ikke har adgang til, hvor de befinder sig.

VPN forbindelser hjælper brugere med at skjule deres IP-adresser. Der findes mange VPN-serviceudbydere på markedet. Men det er vigtigt at overveje forskellige faktorer, før man vælger en VPN-service. For det første skal du finde ud af VPN-serviceudbyderens faktiske placering. For det andet skal du tjekke om den software, der bruges af VPN-serviceudbyderen er kompatibel med din computer eller netværkssoftware. Undgå at bruge VPN-tjenester, der holder aktivitetslogs, der udsætter dig for privatlivskrænkelse. Overveje at tilmelde dig VPN-tjenester, du også kan bruge på dine bærbare enheder, herunder bærbare computere, tabletter og mobiltelefoner.

2. Operativsystem

Din computers operativsystem kan være det første smuthul, der kan sætte dit privatliv på spil. Indstillingerne i dit operativsystem kan give det lov til automatisk at sende brugerdata og -statistikker til udviklerne, hvilket kan gøre det udsat for virusser og malware. Overvej at bruge operativsystemer, der ikke har sådanne funktioner, og som ikke så let bliver kompromitterede. Det er dog vigtigt at vide, at sådanne operativsystemer måske ikke er brugervenlige, og det kan være nødvendigt at kende til programkommandoer.

3. Tor-forbindelse

Tor-forbindelser betragtes som en af de bedste måder, hvorpå man kan holde sig helt anonym online. De data, der går gennem en Tor-forbindelse, går gennem forskellige servere, så de er vanskelige at spore. Selvom Tor leveres med sin egen konfigurerede browser, kan man bruge det med VPN for at gøre sin forbindelse helt anonym. Jo flere mennesker, der frivilligt fungerer som servere for Tor-forbindelsen, desto mere effektiv og hurtig vil Tor være på grund af den større båndbredde. På trods af at være blandt de mest effektive metoder til beskyttelse af anonymitet, anbefales det at være forsigtig, når man bruger en Tor-forbindelse, da der er risiko for at falde under mistanke, hvis følsomme data passerer gennem din computer, når den fungerer som server.

Tor-forbindelser er ofte langsomme, fordi mange ikke har det godt med at bruge deres computere som servere for netværket. Tor-forbindelser kan også fungere som gateways til det dybe web, som er en central for kriminelle aktiviteter. Desuden kan folk fra lande, der ikke har love om privatliv på nettet og om datadeling, bruge Tor-forbindelser til at krænke brugeres privatliv.

4. Skift browser

Din browser kan udsætte dine data for tyveri eller misbrug. Derfor bør du overveje at skifte til en browser, der byder på avancerede privatlivsfunktioner. Undgå at bruge browsere, der ejes af store virksomheder og søgemaskiner, da de ofte indsamler brugeroplysninger og data. Overvej at bruge browsere, der giver dig mulighed for at styre antallet af cookies, der tilgår din computer, og de oplysninger, der kan indsamles af softwareudviklere. Mange websteder indlæser indhold fra en lang række servere, som næsten svarer til at tage ud og handle og købe mad i bøtter uden etikette og så bare håbe på, at det går. Den browser, du bruger, og de data, den indsamler, skaber et digitalt fingeraftryk, der identificerer dig.

5. Brug anonyme forbindelser

Det er vigtigt at bruge anonyme forbindelser, selv når du er på VPN-forbindelser. Dette vil yderligere bidrage til at beskytte dit privatliv online. Overvej at bruge enheder med internet-funktion, der er beregnet til at forbedre online anonymitet. Sådanne enheder giver dig adgang til internettet fra hvilket som helst sted i verden uden at røbe din IP-adresse, eller hvor du befinder dig. De fungerer ved at opbryde din online trafik gennem en omvendt GSM-bro, der ender med at dykke ned i internettet igen og forlade det gennem et andet trådløst netværk.

Der er mange, der ikke forstår, at de efterlader deres digitale fodaftryk, hver gang de surfer på nettet. Disse oplysninger kan bruges af hackere til at begå forskellige slags kriminelle handlinger. Hvis du er interesseret i at beskytte dig online, skal du læse bogen "Tor and the Darknet".

3. kapitel: Networking for nybegyndere

Visse mennesker er fantastiske til networking. Det er som om de helt ubesværet etablerer, udvikler og vedligeholder et system af personer, der består af familie, venner, medarbejdere, kolleger og endda konkurrenter.

Fra denne mellemmenneskelige kerne kan mestrene effektivt både levere og modtage muligheder, oplysninger, støtte og energi, såvel som yderligere kontakter. Dette resulterer generelt i nye og spændende karrieremuligheder, fantastiske klienter og interessante venner og kolleger på alle sider. Kort sagt er deres netværker yderst produktive og effektive.

I mellemtiden virker resten af os som nybegyndere inden for networking. Vi kender folk – faktisk er vi bekendt med nogle af de samme personer, mestrene har kontakt med. Men på trods af dette er der så godt som intet flow a muligheder, oplysninger, støtte, energi eller yderligere kontakter, der kommer fra vores netværk.

Fra tid til anden kan vores netværk give os muligheder, oplysninger og støtte. Og en gang imellem kan vi gøre det samme til gengæld. Men selv i disse tilfælde virker det mere som rene tilfældigheder end resultatet af en plan eller et design. Generelt bærer vores netværker meget lidt frugt, og når de gør, kræver det store løft.

Hvorfor er der en forskel mellem mestre og nybegyndere? Mestrene arbejder ikke nødvendigvis hårdere end nybegynderne. Som regel er det faktisk omvendt. Mestrene bruger deres netværker til at arbejde smartere i stedet for hårdere. Mestrene er ikke nødvendigvis mere veluddannede end nybegynderne. Folk, der gik ud i 10. klasse kan være fantastiske til at networke, mens dem, der har en doktorgrad, måske ikke er det. Og det har ikke noget med social status, udseende, eller held at gøre. Forskellen er tilgangen og den måde, mestrene interagerer med deres netværker.

Mestrene ved, at de skal være mere end bare løseligt bekendte med deres netværk. Mestre inden for networking tilstræber gensidigt kendskab, affinitet og tillid. Mestrene er opmærksomme på – i hvert fald på et mere eller mindre bevidst plan - at disse tre elementer er nøglen til at skabe et stærkt og produktivt forhold. Hvis vi ville spørge dem om disse elementer, ville de sige følgende, måske i lidt andre ord:

Kendskab:

 Et forhold kan hverken være stærkt eller produktivt, til vi i det mindste kender hinanden. Da dette element defineres som at være bekendt med eller kende nogen, udgør det ikke kendskab, hvis man bare er blevet præsenteret for hinanden.

Kendskab betyder, at man kan genkende hinanden, enten hvis man ses eller over telefonen. Desuden betyder kendskab, at man er komfortabel eller fortrolig nok til at kunne tale sammen – om det så kun er om vejret. Endelig betyder kendskab, at man har generelle oplysninger om hinanden.

Affinitet:

Sand networking går ud på, at enkeltpersoner arbejder sammen til fælles fordel. Af naturen er vi mennesker ikke tilbøjelige til at være til fordel for folk, vi ikke kan lide. Vi forbeholder os retten til at være til fordel for mennesker, vi kan lide.

For at skabe dette element skal man oprigtigt og ærligt kunne lide de mennesker, man har i sit netværk. Kort sagt skal vi have en interesse i vores netværks trivsel.

Dette betyder, at vi skal være dedikeret til og

begejstret over succes for dem, der er i vores netværk. Og på samme måde, som vi interesserer os for succes, skal vi også tage del i smerten, hos dem i vores netværk, der fejler. Og til gengæld kan og bør vi forvente at modtage den samme medmenneskelighed.

Tillid:

Det grundlag, hvorpå et stærkt og produktivt forhold eksisterer, er tillid. For at skabe og vedligeholde tillid i vores netværker, skal vi udvikle en støt tiltro til vores fortrin og evner hos dem.

Derfor skal vi, for at skabe og vedligeholde tillid, hele tiden forstærke deres tiltro til vores:

1. *Ærlige karakter:* Vi holder, hvad vi lover; og,

2. *Pålidelige produkt eller tjeneste:* Vi gør det, og vi gør det godt.

Det vil sige, at vejen fra nybegynder til mester i networking ikke afhænger af, hvor mange mennesker, vi møder. Men den afhænger af at få de mennesker, vi møder – uanset om antallet er stort eller lille – *til at lære os at kende, til at kunne lide os og til at kunne stole på os.*

4. kapitel : Introduktion til den mest private del af internettet

A - NOGLE REELLE STEDER ELLER MÅDER

Uanset, hvor du vender dig hen, er der bogstaveligt talt snesevis af online muligheder for at tjene penge. Det store spørgsmål er: Hvad for nogle er bare døgnfluer, og hvad for nogle er virkelig reelle muligheder for at tjene penge online? Hvis du selv har stillet dette spørgsmål, har vi hørt dig, og vi besluttede os til at komme med nogle helt reelle måder, hvorpå du kan tjene rigtige penge online, uanset hvilket årti du lever i. Disse succesfulde online forretningsmodeller har vist sig effektive igen og igen for tusindvis af mennesker online, og det bedste af det hele er, at de sandsynligvis aldrig går af mode.

1. Affilieret marketing -

Der er mange, der mener, at affilieret marketing er den bedste metode, hvis man skal i gang med at tjene penge online. Den tiltrækker både nybegyndere og professionelle, fordi man som affilieret ikke skal bekymre sig om at skabe et produkt, håndtere et lager, ekspedere ordrer, eller refundere penge. Man skal bare markedsføre og tjene kommissioner!

I store træk drejer det sig om kundehenvisning. Hvis de folk, du henviser, ender med at købe noget på grund af dig, får du en procentdel af fortjenesten! Og du kan finde alle mulige produkter at reklamere for i alle mulige nicher. Du kan endda vælge, om du foretrækker at reklamere for fysiske varer eller digitale produkter.

De mange forskellige valg og friheder, du har som affilieret, er det, der gør denne forretningsmodel helt enestående.

2. Online auktioner –

Hvad er det første, der falder dig ind, når du hører online auktion? eBay! Med eBay tjener masser af mennesker masser af penge online. Det gode ved det er, at du stort set kan starte en forretning uden at vide noget som helst om at lave en hjemmeside eller tiltrække trafik. Det gør eBay stort set altsammen for dig. Du skal bare have et udvalg af produkter, lægge dem op på eBay og sælge løs!

Du skal dog sørge for ekspedition og forsendelse, hvilket godt kan være hulens besværligt, når du skal sende mange produkter ud over hele landet på en gang. Så hvis du ikke har noget imod at være meget velorganiseret og ind imellem bøvle med pakker, der forsvinder under forsendelsen, så er det værd at overveje at starte en eBay forretning.

3. Private label rettigheder og videresalgsrettigheder –

Vil du gerne sælge et produkt af høj kvalitet som dit eget uden at skulle bøvle med at være kreativ? I så fald kan du overveje private label rettigheder og videresalgsrettigheder.

Private label rettigheder er særlige rettigheder, der følger med et produkt, som giver dig tilladelse til at ændre produktet akkurat, som det passer dig!

Det betyder, at du kan mixe og matche, tilføje, trække fra, stemple det med dit navn udenpå og BUM! Nu har du dit helt eget produkt, som du kan gøre med, som det passer dig. Og det er bare en måde, hvorpå du kan benytte dig af private label rettigheder.

Videresalgsrettigheder har lidt flere begrænsninger. Med dem har du kun mulighed for at videresælge produktet, som det er. Du kan som regel vælge, hvilken pris du vil sælge produkterne for, men det kan godt give bagslag. Det er ret almindeligt at se fantastiske produkter, der er mindst 50 dollars værd, der så godt som foræres væk for 1 sølle dollar. Dette kan selvfølgelig gøre det svært at tjene en rimelig indkomst, men hvis de bruger de rette taktikker, får mange mennesker fine resultater med videresalgsprodukter.

4. Fremstil og sælg produkter fra det offentlige domæne –

Vidste du gerne må tage alle bøger, billeder, lyd og video med udløbet ophavsret og bruge dem som dine egne? Så længe ophavsretten på værket er udløbet, kan du gøre med det, som det passer dig. Når ophavsretten på information udløber, bliver den en del af det offentlige domæne.

Med denne metode tager man information fra det offentlige domæne og laver det til produkter, der kan sælges på internettet. Man kan for eksempel tage en hel bog fra det offentlige domæne og lave den til en PDF, der kan distribueres via nettet. En anden mulighed er at komme den på en CD og sælge den på eBay.

Det sværeste ved denne proces er at få alle oplysningerne fra bogen ind i din computer. Med mindre du har mod på at indtaste hele bogen selv, kan du udlicitere opgaven. DataDash.com gør det or dig. Yanik Silver har faktisk et produkt på markedet, der lærer dig, hvordan du kan skabe og sælge produkter fra det offentlige domæne. Søg efter det på Google.

5. *Overfør din viden til E-klasser og teleseminarer –*

Hvis du har specialviden eller en bestemt færdighed, du ved, folk gerne vil have, kan du tjene gode penge ved at overføre disse ting til betalte E-klasser og teleseminarer.

E-klasser og teleseminarer anses for at have meget

højere værdi, så du kan tjene flere penge pr. person, end hvis du bare havde solgt informationen i en eBog. På mange måder er de faktisk lettere at arrangere, især hvis du er god til at tale uden forberedelse.

6. Overfør din viden til video tutorials –

Denne mulighed minder meget om at lave E-klasser og teleseminarer. Videoer anses også som havende større værdi, især hvis du har viden eller færdigheder, der kræver fysisk demonstration, såsom træning, sport, computerklasser osv.

Det siger sig selv, at du meget lettere vil lære at kaste en kurvekugle, hvis du kan se, hvordan man gør, i en video. Det forstår dine klienter, og de vil vise deres taknemmelighed ved at købe dine videoer for 65 dollars i frem for konkurrentens eBog for 15 dollars.

7. Freelance arbejde –

Hvis du går op i at skrive, designe, forske, programmere og meget andet, er der helt sikkert en plads til dig på nettet. Som freelancer, arbejder du inden for dit særlige område for kontanter. Afhængigt af, hvilke evner du har, kan folk være villige til at betale dig rundhåndet for det, du kan gøre for dem.

Du kan tilmelde dig steder som freelance.com og tilbyde dine professionelle tjenester. Folk kommer til den slags hjemmeside for at udlicitere alle mulige slags arbejde. Du bør se på det og undersøge, hvilke færdigheder er mest efterspurgte. Når du har sammensat en flot portefølje af dit arbejde, kan du begynde at tage flere penge for dine tjenester.

8. Blogskrivning –

Hvis du er skribent, kan blogskrivning måske lige være sagen for dig. Blogskrivning involverer produktion af læsestof af høj kvalitet, så

41

førstegangsbesøgende bliver til loyale tilhængere, der kommer tilbage igen og igen.

Den mest populære metode til at tjene penge på blogs er at implementere Google AdSense annoncer på siden. Du tjener penge, når folk klikker på AdSense annoncerne. Blogskrivning er også effektiv, hvis man vil reklamere for affilierede produkter. Hvis du bliver ved med at levere indhold af høj kvalitet og opbygger en tilhængerskare, hvor du har tusindvis af besøgende på din blog hver dag, kan du nemt tjene et par hundrede dollars om dagen på den her måde.

B- FUNDRAISING SOFTWARE

Det er en meget vanskelig opgave at indsamle penge og ressourcer til fordel for andre mennesker. Dette er især tilfældet hvor velgørende leveveje ikke går så stor opmærksomhed eller hjælp til indsatsen. Det er et problem, der simpelthen skal løses, hvis man gerne vil støtte sagen på en overbevisende måde. Heldigvis kan organisationer og nødhjælpsgrupper på grund af den nye teknologi, man har i dag, ikke blot publicere deres sag til langt større publikummer over hele internettet, nu kan de også bede om bidrag fra alle interesserede, ikke blot i hjemlandet, men over hele verden. Ved hjælp af patenteret fundraising software er det nu muligt for rundhåndede mennesker hurtigt, sikkert og effektivt at overføre penge til nødhjælpsorganisationer.

Fundraising software er et program, der er beregnet udelukkende til at hjælpe organisationer, der har brug for ressourcer, såsom arbejdskraft og penge, for at fortsætte og udvide deres beskedne arbejde på en mere praktisk måde. De kan bruge den til at udvide deres rækkevidde og bevidsthedskampagner over hele internettet, mens de samtidig giver rundhåndede personer, der er interesseret i sagen, en måde, hvorpå de kan sende penge til dem. På grund af internettets store popularitet nu om dage, kan dette virkelig være en meget lovende udvikling. Disse nødhjælpsorganisationer kan ikke blot henvende sig til mange flere mennesker over hele landet, nu kan de også få hjælp fra andre steder i verden.

Men siden dette program fortrinsvis ekspederer pengeoverførsler, er det dog helt sikkert nødvendigt at være lidt forsigtig for at holde pengene sikre. Til dette formål har fundraising software funktioner, der gør følgende; donorsporing, opbevaring og arkivering af ubegrænsede antal af donationsposter og aktivering af kontroladgang. På den måde kan donorer være sikre på, at den hjælp, de sender til deres udvalgte organisation, vil være i gode hænder. Softwaren gør det også muligt at tilpasse hjemmesiden, i tilfælde af at en nødhjælpsgruppe har brug for mere tid til at informere om, hvad den gør.

Desuden har softwaren også et indbygget ordbehandlingsprogram, så brugerne kan lave vigtige dokumenter til hjælp med organisationens formål. Korrespondance, både på papir og via mail, håndteres omhyggeligt, så det sikres, at den velgørende organisation præsenteres positivt for masserne. Og der er flere andre bemærkelsesværdige sikkerhedsforanstaltninger, såsom bounce-back, der forhindrer spam i mail, og alsidige funktioner som brugertilpassede skabeloner, der gør det nemt at sammenflette softcopy dokumenter, så brugeren får en af de mest komplette pakker for ethvert fundraising behov. Alle disse fordele har gjort dette operativsystem til et populært valg blandt selvejende organisationer på både landsplan og verdensplan.

Mens det kan være en god levevej for de fleste at hjælpe folk, der er i nød, kan det mest vanskelige være at finde måder, hvorpå man får den "hjælp", man skal give til de nødlidende. Heldigvis har moderne teknologi ikke ladt disse noble foretagender i stikken med alle sine fremskridt, den har faktisk været med til at åbne op for en række nye muligheder inden for velgørende arbejde, som folk førhen slet ikke kunne have forestillet sig.

C- GRUNDLÆGGENDE MARKEDSFØRING PÅ INTERNETTET

Markedsføring på internettet kan, hvis det gøres korrekt og professionelt, tiltrække hundred

45

tusindvis af relevante, interesserede og købeklare besøgende til din hjemmeside, føje flere nye kunder til din forretning og generelt forbedre branding og genkendelse af din forretning og dens produkter.

Hvis du for nylig er begyndt at overveje udvikling af en online markedsføringsstrategi, er der så mange forskellige retninger, du kan vælge, og sandsynligvis hundred tusindvis af måder at komme i gang på! Du kan måske vælge at springe i med begge ben med dit eget produkt, måske vælge et produkt med private label rettigheder, hvilket har været et godt valg for mange andre før dig i online markedsføring, hvor du kan gøre det til dit eget og derefter sælge produktet online. Her er det gode ved det hele – det her er kun to ideer, men du skal vide, at der bogstaveligt talt er tusindvis af meget populære nicher, du kan arbejde med – og som i sidste ende kan tjene dig gode penge.

Uanset hvilken retning eller niche du vælger, bliver du nødt til at starte med en omfattende online – og måske også offline, marketingplan, der skal omfatte produkter af højeste kvalitet, fremragende indhold i dit produkt, et effektivt og velovervejet webdesign og en udviklingsstrategi, der giver dig mulighed for at opskalere, så du kan klare vækst. Men noget af det vigtigste ved din nye karriere er at sørge for at vælge en niche, som du virkelig går op i, eller vælg i det mindste en niche, som du ved noget om. Hvad end du gør, skal du ikke vælge valuta-nichen, hvis du ikke aner, hvad forskellen er på pip og pap! Det kan faktisk være let nok at vælge en niche. Hvis du for eksempel har arbejdet med hunde hele livet, ville du måske være helt perfekt til at markedsføre produkter fra hunde-nichen. Du skal ikke være bange for at skabe en underafdeling i hunde-nichen, for det er en ENORM niche; og det er også en stedsegrøn niche.

Hvis du er online, er der ingen tvivl om, at du har hørt om de populære søgemaskiner derude. Disse søgemaskiner skal være dine venner, og det er vigtigt, at du lærer mest muligt om, hvordan søgemaskiner kan hjælpe dig, og også hvordan de kan skade dig. Efter du har mestret søgemaskineoptimering (SEO), er dit primære mål at få din hjemmeside til at rangere allerøverst eller i det mindste på første side, af så mange store søgemaskiner, som du overhovedet kan. Derefter skal du løbende blive ved med at finjustere dine SEO-teknikker, så du holder dig på en af de første to eller tre pladser eller i det mindste på den første side. Du kan måske endda overveje at dominere din niche på markedet med affilierede, videresalgs- og/eller associerede programmer. Husk, at mange af de største forretninger på internettet startede online og fortsætter i dag som affilierede programmer. Og der er mange forskellige måder at tjene gode penge på med affilieret markedsføring.

I det, der synes at være et uendeligt opsving i fokus på internet marketing, bliver en komplet strategi et af de vigtigste aspekter, du skal udvikle, skærpe, lære, og lære grundigt lige fra begyndelsen. En detaljeret, systematisk strategi for internetmarketing vil give dig de oplysninger, du har brug for, så du kan afdække store muligheder, der kan hjælpe dig med at nå ud til potentielle kunder, vinde deres tillid og respekt, og gøre det med meget positive og målbare resultater.

Der er absolut ingen tvivl om, at du skal regne med altid at forbedre dine konverteringer fra online markedsføringsinvesteringer, for eksempel købte annoncer på et af de største sociale medier, ved konstant at teste dine overskrifter, dit indhold, din prissætning, farverne på din hjemmeside og den måde, du kommunikerer med kunderne på. Desuden skal du aldrig være forlegen over at drive så mange potentielle kunder som muligt til din hjemmeside ved at bruge alle dine sociale mediekanaler; ikke blot den største af dem.

Efterhånden som folk bliver mødt med mere avancerede online annoncer af højere kvalitet i mails og på stort set hvert eneste websted, hvor man bombarderes med dem, bliver det stadig mere vigtigt at producere helt rent relevant indhold så nemt og hurtigt som muligt, mens man også holder sig for øje, at indholdet skal være let fordøjeligt for den, der læser det. Nedfæld dine tanker kort og relevant, så flere vil læse dem - og glem ikke, hvor effektivt et JPEG billede eller en MP4 video er i dag. For eksempel har vellykkede blogindlæg, der deles meget på sociale netværker, alle noget til fælles: de strør nogle velplacerede billeder ind for at opdele indholdet og understrege visse punkter. Et andet eksempel er "info-grafikker", som kombinerer billeder med en minimal mængde tekst for at beskrive et emne og levere statistiske oplysninger eller data fra videnskabelige undersøgelser.

Et bemærkelsesværdigt trend, der måske er tegn på det tydelige skift i forbrugernes præferencer for enkle budskaber i marketing i stedet for dybdegående budskaber – man anstrenger sig nu for at dæmpe kampagnebudskaber for at undgå at overvælde forbrugerne med reklamegas. Denne markedsføringsstrategi er blevet populær på det sidste, og interessant nok virker den!

Endnu en strategi, der stiger i popularitet, igen fordi den virker, er at bruge "cookies" og "tracking pixels" til at spore de internetsider, brugere besøger. Efter en besøgende forlader en bestemt hjemmeside, bliver det produkt eller den tjeneste, vedkommende var interesseret i, vist til personen igen - gentagne gange – i annoncer placeret på mange forskellige websteder. This markedsføringsteknik kaldes *"ad retargeting"* og den virker enormt godt! Hvordan gør man det? Det skal du finde ud af!

Det siger vel sig selv, hvorfor denne "ad retargeting"-teknik er så effektiv. Ved at holde et brand eller endda et produktnavn i forbrugerens tanker, vil du helt sikkert få bedre afkast på din investering i annoncer fremover. Selvom der måske ikke sker et køb lige med det samme, viser det sig teknik faktisk, at denne teknik godt kan betale sig i sidste ende. Denne strategi, hvor en reklame dukker op på noget nær hver anden hjemmeside, man besøger, når man har kigget på et bestemt produkt, kaldes som sagt "ad retargeting" og det virker bare!

På grund af den succes, mange, der markedsfører på internettet, har oplevet med ad retargeting, er der gode chancer for, at du også vil bruge denne teknik inden for den nærmeste fremtid. Uden at bruge alt for meget jargon her (du ved, sådan noget som *"indgående links" "backlinking" "udgående links"* og hundredvis af andre, du får brug for at lære), er der nogle grundlæggende værktøjer og teknikker til opbygning af trafik, der engang fungerede meget effektivt, men det gør de ikke længere. Du bliver nødt til at holde dig ajour med tendenserne inden for marketing.

Og det er så det! Følgende var en megaenkel oversigt fra omkring 30.000 meter over havoverfladen med meget lidt fokus, ikke rigtig noget kød eller kartofler, bare en lille bitte smule af det, du kommer til (får brug for) at lære, hvis du har planer om at gå ind i online markedsføring!

Hvis du gerne vil have en online levevej en skønne dag, skal du gentage efter mig... "Succes kommer IKKE fra den ene dag til den anden... det her er IKKE en fidus, hvor man bliver rig med det samme." Uanset hvad mange af "guruerne" forsøger at sælge dig – så sker det IKKE fra den ene dag til den anden. Hvis du starter med dette ærlige løfte, kan du bygge din forretning på et solidt grundlag. Bliv ved med at fokusere på dine mål, find ud af, hvordan du kan nå dem med godt gammeldags slid, så bliver du forbløffet, når du ser, hvad man kan opnå ved at være online.

D-TANDLÆGEMARKETING PÅ INTERNETTET

Internet marketing til eksisterende patienter

Nyere statistikker viser, at 14,3 millioner husstande bruger internettet og 69% har bredbåndsforbindelse. 78% af husstande i London med internetadgang har faktisk bredbånd, hvilket er cirka halvdelen af alle husstande i området omkring London.

Det er afgørende for enhver privat tandlæge at have en hjemmeside, hvis vedkommende tager markedsføring til eksisterende patienter alvorligt, især i London. Hjemmesiden bør se professionel ud, både i design og indhold. Patienter bør blive umiddelbart imponerede ved første blik, så de vil anbefale din hjemmeside til familie, venner og kolleger. Man bør overveje at bruge Flash animering for at bringe hjemmesiden til live, især

53

siden de fleste husstande har bredbånd.

Hjemmesiden bør nævnes på alt brevpapir, skilte og påmindelseskort. Hver patient bør få vist hjemmesiden af tandlægen på behandlingscomputeren, før behandlingen starter. Ved at gennemgå hjemmesiden personligt med dine patienter, får du ikke blot mulighed for at informere dem personligt om de forskellige æstetiske behandlinger, du tilbyder, du lærer dem også, hvordan de kan demonstrere hjemmesiden for andre: En vigtig træningssession for dine gratis 'mund-til-mund' marketing folk.

Når hjemmesidens design og animering har fanget patientens opmærksomhed i første omgang, bliver brugbarheden af sidens indhold enormt vigtig. Indholdet skal være lærerigt, men ikke kedeligt. Der bør være professionelle fotografier af bygningen, receptionen, venteværelset og operationer, især så man kan fremvise nye eller opdaterede procedurer. En kort beskrivende tekst bør ledsages af velbeskårne før- og efter-billeder. Hvis man fletter før- og efter-billederne sammen i en beskeden flash animation, har det en flot, visuel indflydelse på patientens forståelse af behandlingen.

Tiltrækning af potentielle patienter

Offentligheden er efterhånden vant til at se programmer med makeovers af smil på TV, og de læser forskellige artikler om kosmetisk tandpleje i aviser og blade. Folk tyr hver dag til den mest populære søgemaskine, http://www.google.co.uk, og søger efter en tandlæge, hvor de befinder sig, enten i nærheden af deres hjem eller deres arbejde.

Google tilbyder gratis, almindelig registrering og den betalte sponsorerede registrering. Uanset om din hjemmeside bruger almindelig gratis registrering eller betal-for-klik registrering, er det afgørende, at den kan ses øverst på første side af Google.co.uk for nøgleord, der er relevante for dig.

Fordelen ved betal-for-klik annoncer er den høje placering, man kan få med det samme, og ordlyden i linkbeskrivelsen kan tilpasses helt, som du vil. Med Google AdWords betal-for-klik annoncer laver du en annonce med den ønskede ordlyd og link, hvor du angiver de søgeord, du vil rette annoncen mod. Du vælger en maksimal pris pr. klik, fx 20 pence pr. klik eller 2 pund pr. klik, og annoncerne ranglistes derefter som en auktion. Andre faktorer, udover klik-prisen, kan påvirke din placering for den sponsorerede annonce, men generelt skal du vælge en højere klikpris end konkurrenterne for at blive placeret højere end dem. Du vælger et dagligt budget, og din annonce vises, til budgettet er brugt op med det tilsvarende antal klik.

Kontakt med potentielle patienter

En professionel og brugervenlig hjemmeside placeret på første side af Google.co.uk er afgørende for enhver æstetisk tandlæge, der tager tiltrækning af nye patienter alvorligt.

Tandlægens hjemmeside skal levere klare oplysninger om, hvordan man finder, ringer til og sender mail til tandlægen. Telefonnummer og adresse skal helst stå på hver enkelt side, så man gør det virkelig nemt for både eksisterende og potentielle patienter at kontakte dig. Besøgende bør kunne sende dig mail, især hvis de surfer på nettet, mens de arbejder eller om aftenen, når du har lukket. Den overordnede mailadresse bør være professionel og svare til internetadressen, fx internetadressen dental.co.uk bør høre til emailadressen @dental.co.uk. Det er vigtigt, at man ikke bruger en personlig eller gratis mailadresse som @hotmail.com eller @btinternet.com. Denne enkle parring er vigtig for troværdigheden.

Fem tips – husk, at din hjemmeside bør:

• være attraktivt, lærerigt og imponerende, ikke kedeligt

• være let at finde på Google.co.uk ved hjælp af almindelig eller betal-for-klik registrering

• øge troværdigheden med tandlægeprofiler og

vidnesbyrd

- gøre det nemt at kontakte dig, især via mail

- have avancerede funktioner for internetstatistik

Konklusion

Networking er som enhver anden færdighed. Det skal videreudvikles. Hvis du kun tager til en enkelt networking-begivenhed om året, bliver det svært for dig at få succes. Jo flere networking-begivenheder, du tager til, desto mere komfortabel bliver du med det, og det fører så til, at andre bliver komfortable med dig. Og folk vil gerne gøre forretning med folk, de er komfortable med.